Aide-toi
Trouve-toi
Sauve-toi

Dans ce livre, tu trouveras des conseils pour t'aider à guérir après une rupture amoureuse difficile.

Grâce à de nombreuses citations développées sur le thème de l'amour, tu vas apprendre à décoder tes émotions et tes besoins dans une relation.

À travers des questions auxquelles je t'invite à répondre directement par écrit, et des exemples concrets, tu vas retrouver confiance en toi, et extérioriser tes émotions pour te détacher de ce sentiment de mal-être.

Que tu sois en pleine rupture amoureuse ou simplement en quête de conseils pour améliorer ta relation, ce livre est un guide pour t'aider à soigner tes blessures et trouver le bonheur que tu mérites.

Suis les étapes, pas à pas, et réponds aux questions sincèrement.

SOMMAIRE

SOMMAIRE

Ta situation actuelle

En répondant à ces questions, tu pourras mesurer ton évolution à la fin de ce livre.

1) Comment te sens-tu en ce moment, par rapport à ta relation actuelle ou passée ?

. . . .

. . . .

. . . .

. . . .

. . . .

2) As-tu eu des expériences amoureuses récentes qui ont modifié ta vision des relations ?

. . . .

. . . .

. . . .

. . . .

. . . .

3) Quelles sont, à ton avis, les conditions d'une relation amoureuse réussie ?

. . . .

. . . .

. . . .

. . . .

. . . .

4) Comment gères-tu les conflits ou les désaccords dans une relation amoureuse ?

. . . .

. . . .

. . . .

. . . .

. . . .

5) As-tu des attentes spécifiques, s'agissant de ta relation amoureuse actuelle ou future ?

. . . .

. . . .

. . . .

. . . .

. . . .

6) Comment vois-tu ta vie amoureuse évoluer dans les prochains mois/années ?

. . . .

. . . .

. . . .

. . . .

. . . .

7) Quels sont tes objectifs en lisant ce livre ? (T'aider à surmonter une rupture, sauver ta relation, comprendre les réactions de ton partenaire, ...)

. . . .

. . . .

. . . .

. . . .

. . . .

8) Qu'est-ce que l'amour pour toi ? Tu peux lister les 10 premiers mots qui te viennent à l'esprit quand on te parle d'amour. (Passion, affection, attachement, tendresse, ...)

. . . .

. . . .

. . . .

. . . .

. . . .

. . . .

. . . .

. . . .

. . . .

. . . .

« Symptômes d'un cœur brisé »

Perte d'estime de toi,

Anxiété,

Nausées,

Insomnie,

Isolement social,

Fatigue,

Sentiment de vide,

Prise ou perte de poids,

Dépression,

Décide de guérir, tout le monde n'a pas
le même amour à donner que toi.

Auteur inconnu

Ressens-tu certains de ces symptômes ? Si oui, lesquels ? En as-tu d'autres ? Comment se manifestent-ils ?

. . . .

. . . .

. . . .

. . . .

. . . .

. . . .

. . . .

. . . .

. . . .

. . . .

"Qui t'aime vraiment ne te quitte pas, ni te laisse partir »

Penses-tu que cette citation soit vraie ?

Tu peux penser que si quelqu'un t'aime vraiment, il ou elle ne te quittera pas ou ne te laissera pas partir facilement. Cette personne sera là pour toi, peu importe les difficultés ou les obstacles que vous pourriez rencontrer dans votre relation. En d'autres termes, l'amour véritable est une force qui unit deux personnes, les rend plus fortes ensemble et ne les sépare pas.

Si néanmoins tu as été quittée, tu as pu te sentir trahie, être blessée, confuse et même désespérée. Tu as pu te demander ce que tu avais fait de mal et chercher à comprendre pourquoi il ou elle été parti.

Tu as pu te sentir démunie face à la perspective d'une vie sans cette personne que tu aimais tant. Mais, pourrait-il y avoir des circonstances qui amèneraient à quitter une relation malgré l'amour qu'on porte à son partenaire ?

Rappelle-toi, toutes les relations ne sont pas destinées à durer éternellement même si c'est ce que l'on souhaiterait au plus profond de son cœur. On évolue, on grandit, et on prend des chemins différents. Chaque relation est unique et complexe, et il peut y avoir des situations où ton partenaire doit partir pour des raisons qui le concernent, lui, et sur lesquelles tu ne peux pas avoir de contrôle. Il est important de prendre conscience que tu n'es pas le problème ou la cause de cette rupture. Concentre-toi sur toi. Toi seule est responsable de ton équilibre, celui sur lequel tu peux agir en ayant totalement le contrôle.

Penses-tu toujours qu'une personne qui t'aime ne te quittera pas ? Si oui, pourquoi ?

. . . .

. . . .

. . . .

. . . .

. . . .

Est-ce que tu penses que la personne qui t'a quittée est responsable de tes émotions ?

. . . .

. . . .

. . . .

. . . .

. . . .

As-tu toi-même déjà quitté quelqu'un, si oui, qu'en as-tu appris ?

. . . .

. . . .

. . . .

. . . .

. . . .

Qu'est-ce qui a motivé ta décision de rompre la relation ?

. . . .

. . . .

. . . .

. . . .

. . . .

T'a-t-on déjà quittée ?

. . . .

. . . .

. . . .

. . . .

. . . .

Quels sentiments as-tu éprouvés lors de cette rupture ? (Tristesse, colère, déception, trahison, peur, ...)

. . . .

. . . .

. . . .

. . . .

. . . .

« Il te manque juste parce que tu n'as pas réussi à le remplacer »

Penser à cette personne tout le temps, être sans cesse hanté par des souvenirs et des comparaisons qui te ramènent dans cette relation perdue. Tu essaies, et pourtant tu ne trouves personne qui correspond à tes attentes. Tu compares, encore et encore, « il aurait fait comme ça », « c'était mieux avec lui »... Alors tu ne ressens que des regrets.

Cette situation te conduit à chercher un substitut de la personne aimée, ce qui est impossible, car tu le sais chaque personne est unique. Alors comment l'oublier ? Comment refaire ta vie ? Arrête de comparer !

Travaille sur ton bien-être. Tu n'as besoin de personne pour être heureuse. Tu ne dois pas être dépendante d'une affection que tu ne peux pas contrôler. La seule personne dont tu es sûre qu'elle te donnera de l'amour, celui que tu mérites, c'est toi.

Fais des activités qui t'apportent de la joie. Concentre-toi sur les aspects positifs de ta vie. Accepte tes émotions, c'est important ! Tu peux les exprimer comme tu le veux : pleure, parle, crie, sors, fais du sport, mange, travaille... C'est en te concentrant sur toi, et en te suffisant à toi même, que tu ne chercheras plus désespérément à trouver quelqu'un pour être heureuse.

Rappelle-toi, une femme libre et indépendante sait que son bonheur ne dépend pas de la présence de l'Autre. Tu n'as pas besoin de te souvenir d'une époque où tu étais en couple pour te sentir vivante, car tu sais que ta propre existence est suffisante pour être heureuse.

" Une personne peut te manquer tous les jours,

et pourtant tu apprécies qu'elle ne soit plus dans ta vie "

Auteur inconnu

As-tu déjà éprouvé ce manque ?

. . . .

. . . .

. . . .

. . . .

. . . .

. . . .

Comment as-tu comblé cette perte ? (Sorties, sport, travail, repli, enchainement des relations, ...)

. . . .

. . . .

. . . .

. . . .

. . . .

. . . .

Ta stratégie a-t-elle été efficace ? Si non, qu'est-ce que tu aurais pu faire de différent ?

. . . .

. . . .

. . . .

. . . .

. . . .

. . . .

« Il vaut mieux partir et être regrettée, que d'être présente et ne rien signifier »

Inspiration, Sylvia Plath

Prendre la décision de partir, avec la peur de se tromper, de regretter. Ou décider de rester : Essayer de sauver cette relation, dans l'espoir que l'Autre change.

Alors oui, tu peux prendre des risques car la vie est trop courte pour la vivre à moitié.

Tu as des doutes ? C'est normal. Tu as peur de rater quelque chose d'important ou de te tromper. Mais décider de vivre une nouvelle expérience t'ouvrira de nouvelles perspectives et te fera explorer de nouveaux chemins qui pourraient te mener vers de belles opportunités et un plus grand épanouissement personnel.

En quittant une situation connue pour l'inconnu, tu risques de te retrouver dans des situations inconfortables car inhabituelles. Cependant, il est important de te rappeler que la vie est pleine d'incertitudes et que rien n'est jamais acquis.
Et même en restant dans une situation connue, tu peux te sentir vide, triste, frustrée, ou encore dévalorisée.

Rappelle-toi, il est important de vivre pleinement chaque jour, pour trouver un sens à ta vie et être heureuse. Tout évolue tout le temps, par conséquent, tu dois trouver un équilibre entre la sécurité et la prise de risques. Pèse le pour et le contre de chaque situation et prends tes propres décisions.
Tu mérites quelqu'un qui te fasse sentir que tu es importante et aimée. Ne laisse personne te faire croire le contraire et n'aies pas peur de prendre la décision qui te libèrera de cette relation qui ne te satisfait pas. Le chemin vers le bonheur commence par la prise de conscience de ta propre valeur.

Est-ce difficile pour toi de prendre une décision ?
Si oui, qu'est ce qui te bloque ?

. . . .

. . . .

. . . .

. . . .

. . . .

. . . .

Te sens-tu insignifiante ? Si oui, qu'est ce qui te fait penser ça ? (Tu te sens dévalorisée, inintéressante, moins bien que les autres, remplaçable...)

. . . .

. . . .

. . . .

. . . .

. . . .

. . . .

De quoi as-tu peur en prenant la décision de rompre ?

. . . .

. . . .

. . . .

. . . .

. . . .

. . . .

« Ne regrette pas celui qui part, mais prends soin de celui qui reste »

Pourquoi te concentres-tu encore sur ceux qui sont partis plutôt que sur ceux qui restent dans ta vie ?

Nous avons tous connu des situations où des personnes importantes pour nous ont choisi de partir. Alors, c'est normal d'être triste, de regretter cette relation, mais il est important de ne pas laisser ces sentiments t'aveugler et t'empêcher de voir la valeur de ceux qui restent dans ta vie.

Car oui, c'est facile de te laisser absorber par la douleur de la perte et de négliger les personnes qui restent, ou d'être tout le temps de mauvaise humeur, énervée contre ceux qui essaient juste de t'aider, ou de te consoler.

Mais attention, car en faisant cela, tu risques de perdre de précieuses opportunités de renforcer tes relations avec ceux qui sont toujours là pour toi, car ces personnes méritent ton attention et ton amour. Cela te permettra de surmonter ces moments difficiles.

Rappelle-toi l'importance de vivre dans le moment présent et de chérir les personnes qui sont là, avec toi. Tu ne peux pas changer le passé, mais tu peux renforcer ces relations qui sont encore présentes aujourd'hui.
Je t'assure que ta vie est remplie d'amour, de soutien et de bonheur, même si tu ne le réalises pas toujours. N'oublie jamais que tu es aimée et que tu as de la valeur, peu importe les difficultés que tu peux rencontrer.

Quelles sont tes réactions lorsque tu perds une personne aimée ? (Est ce que tu t'en prends à ceux qui restent, tu critiques celui qui est parti, tu es triste, tu t'isoles...)

. . . .

. . . .

. . . .

. . . .

. . . .

Si tu t'observais de l'extérieur avec tes réactions, aurais-tu envie de passer du temps avec toi ?

. . . .

. . . .

. . . .

. . . .

. . . .

. . . .

. . . .

. . . .

. . . .

. . . .

« Si une personne n'a pas su saisir ta valeur, ne te rabaisse pas à vouloir la lui prouver »

Il est normal de se comparer aux autres et de chercher à se faire apprécier. Mais cela te conduit à adopter des comportements qui ne sont pas toi. Des comportements qui ne sont en accord, ni avec tes valeurs, ni avec tes convictions.

Il est essentiel de te respecter toi-même, et de ne pas te laisser influencer par l'opinion des autres. Trahir ce que tu es vraiment pour prouver ta valeur, est une forme d'auto-dévalorisation.
Tu envoies le message que tu n'as pas confiance en toi et que tu as besoin de l'approbation des autres pour te sentir importante et aimable, mais c'est faux.
Tu mérites l'amour. Tu as de la valeur et tu mérites quelqu'un qui t'apprécie pour qui tu es. Utilise cette expérience comme un tremplin pour grandir, guérir et t'ouvrir à de nouvelles opportunités.

Rappelle-toi, il est important que tu comprennes que ta valeur ne dépend pas de la perception qu'en ont les autres. Les relations humaines sont complexes et tu ne peux pas plaire à tout le monde. Cela ne doit pas t'affecter. Au contraire, cela doit t'amener à te recentrer sur toi même, et à cultiver l'estime de soi.

As-tu déjà essayé de prouver ta valeur auprès de quelqu'un ? Si oui, comment ? Quel résultat as-tu obtenu ?

. . . .

. . . .

. . . .

. . . .

. . . .

T'es-tu déjà sentie dévalorisée par quelqu'un ? Si oui, qu'as-tu éprouvé ? (Perte de confiance, tristesse, mauvaise image de toi, etc...)

. . . .

. . . .

. . . .

. . . .

. . . .

Quels comportements as-tu adoptés pour essayer de plaire à quelqu'un ? Que ferais-tu différemment ?

. . . .

. . . .

. . . .

. . . .

. . . .

« Mieux vaut souffrir de la vérité qu'être heureux dans le mensonge »

Ludwig Börne

Proverbe menteur ?

La vérité est une valeur qui peut avoir une signification différente pour chacun. Pour certains, elle peut être synonyme de douleur. Pour d'autres, la vérité est une valeur fondamentale et nécessaire.

Est-ce qu'on ne peut être heureux qu'à travers la vérité ? Ou le mensonge peut-il être justifié s'il permet d'atteindre le bonheur ?

Vivre dans le mensonge peut te permettre de t'accrocher à une situation. Mais alors, que se passe-t-il lorsque le mensonge est découvert ? Perte de confiance, sentiment de trahison, rupture ? Cette situation est difficile à surmonter. Alors, exprime tes sentiments, tu as le droit à des réponses.

Donne-toi le temps de guérir. Sois patiente avec toi-même et souviens-toi que chaque personne a besoin de respecter son propre rythme pour se remettre de ce genre de situation. En fait, il est important de trouver ton équilibre entre la vérité et le bonheur. Cela est possible en agissant avec honnêteté, en communiquant de manière claire et en respectant tes valeurs fondamentales.

Rappelle-toi que ton choix entre souffrir de la vérité ou être heureuse dans le mensonge dépend de ta capacité à accepter la situation. Mais que la vérité est souvent essentielle pour donner un sens à ta vie.

T'a-t-on déjà menti ? Ou toi-même, as-tu déjà menti ?

. . . .

. . . .

. . . .

. . . .

. . . .

Qu'est ce qui a motivé ton mensonge ou celui dont tu as été victime ?

. . . .

. . . .

. . . .

. . . .

. . . .

Quelles ont été tes réactions en apprenant le mensonge ?

. . . .

. . . .

. . . .

. . . .

. . . .

Qu’as-tu toléré par amour ?

. . . .

. . . .

. . . .

. . . .

. . . .

Quelle image as-tu eu de toi, à ce moment là ?

. . . .

. . . .

. . . .

. . . .

. . . .

As-tu déjà atteint certaines limites que tu n’accepterais plus ? Si oui, qu'est-ce qui a changé pour que tu les refuses aujourd'hui ?

. . . .

. . . .

. . . .

. . . .

. . . .

« Faites attention à ce que vous tolérez, vous enseignez aux gens comment vous traiter »

Wendy Packer

Ce que l'on tolère envoie un message clair aux autres sur ce qu'on a la capacité d'accepter ou non.
Si tu enseignes aux autres qu'il est acceptable de te traiter avec des comportements indélicats et inappropriés, tu transmettras le message que tu es d'accord pour qu'ils te traitent ainsi.

En revanche, si tu n'acceptes que des comportements corrects et appropriés, tu enseignes aux autres de te traiter avec respect et considération. Tu es une personne forte, qui mérite d'être traitée comme tu as envie de l'être. Parfois, il est difficile de fixer certaines limites, par amour, par peur de l'abandon, peur de décevoir, ou simplement par gentillesse, mais n'hésite pas à faire savoir que ce n'est pas acceptable pour toi !

Rappelle-toi, tu es une personne unique et incroyable. Tu mérites d'être traitée avec le plus grand respect et la plus grande dignité. Ne tolère aucun comportement qui te fait souffrir.

"Quand vous sentez quelque chose de bizarre, c'est qu'il y a quelque chose de bizarre"

Nos intuitions et nos instincts peuvent-ils être un bon indicateur lorsque quelque chose ne va pas ?
Oui, bien sûr, mais il est aussi important de prendre en compte la situation pour faire preuve de discernement.

Explore d'avantage les circonstances pour comprendre ce qu'il se passe. Parfois, une croyance peut t'induire en erreur et te conduire à tout interpréter d'une certaine façon.

Demande toi : Quels changements as-tu observés dans la relation ? Un comportement suspect, différent, inhabituel ? Une intuition ? Les femmes sont reconnues pour être douées à ressentir d'imperceptibles changements. Il est important de te faire confiance, sans toutefois te tourmenter inutilement en réfléchissant sans cesse à ce comportement « bizarre ».

Rappelle-toi, ton instinct est un merveilleux outil, mais lorsque tu ressens quelque chose, il est important de vérifier qu'il ne s'agit pas seulement de ton imagination, de peurs conscientes ou inconscientes, afin de retrouver rapidement ta tranquillité d'esprit.

As-tu déjà ressenti une intuition ? Si oui, comment s'est-elle manifestée ?

. . . .

. . . .

. . . .

. . . .

. . . .

Quels comportements as-tu adoptés suite à cette intuition ?

. . . .

. . . .

. . . .

. . . .

. . . .

Cette intuition était-elle fondée ?

. . . .

. . . .

. . . .

. . . .

. . . .

« Penses-tu que si tu retournais avec ton ex tu serais heureuse ? »

Le moyen pour parvenir à retourner avec ton ex, serait-il de surmonter certains problèmes, construire une relation plus forte ? Ou t'en remettrais-tu au destin ?

Si vous avez tous les deux une idée claire des problèmes qui ont causé cette rupture et que vous êtes prêts à leurs faire face, alors il est possible que cela fonctionne. Mais faut-il encore t'assurer d'avoir identifié les réelles raisons de la séparation.

Il est également important de prendre en compte ton propre bonheur et ton bien-être dans la décision de retourner ou non avec ton ex. Il est possible que tu te rendes compte que cette relation était faite pour toi, et que ce n'était juste pas le bon moment. Mais assure-toi que la relation t'apporte du bonheur et que tu ne retournes pas vers lui, uniquement parce que c'est une situation confortable ou familière.

Rappelle-toi, il est important de prendre le temps de réfléchir avant de prendre ta décision. N'écoute pas seulement ton cœur. Il est important de ne pas te fier uniquement à tes émotions lorsqu'il s'agit de faire un choix aussi important pour ta vie. Examine objectivement la situation passée, tes besoins, les raisons de ta rupture et les perspectives futures afin de prendre une décision éclairée.

Rappel à moi-même

Liste de mes priorités 2023 :

1/ MOI

As-tu déjà eu envie de retourner avec ton ex ? Si oui, pour quelles raisons ?

. . . .

. . . .

. . . .

. . . .

. . . .

Si tu t'es déjà remise en couple avec ton ex, est-ce que cela a duré dans le temps ? Si oui, pourquoi ? Si non, pourquoi ?

. . . .

. . . .

. . . .

. . . .

. . . .

. . . .

. . . .

. . . .

. . . .

. . . .

Dans ma vie actuelle, ce que je ne veux plus...

-...Que les autres me fassent :

....

....

....

....

....

-...Que les autres me disent :

....

....

....

....

....

-...Que les autres pensent de moi :

....

....

....

....

....

-...Me dire à moi-même :

....

....

....

....

Dans ma vie idéale, ce que je veux...

-...Que les autres me fassent :

. . . .

. . . .

. . . .

. . . .

. . . .

-...Que les autres me disent :

. . . .

. . . .

. . . .

. . . .

. . . .

-...Que les autres pensent de moi :

. . . .

. . . .

. . . .

. . . .

. . . .

-...Penser de moi-même :

. . . .

. . . .

. . . .

. . . .

« Etre libre »

Être libre demande du courage.

Le courage d'être soi

Le courage d'assumer ses choix

Le courage de se faire passer en priorité

Le courage de ne plus rien attendre de personne

Le courage de donner le meilleur de soi

Le courage de choisir

Vivre, tout simplement.

Auteur inconnu

« Celui qui ne sait pas ce qu'il veut, finit par perdre celle qu'il aime »

Et si c'était lui le problème ?

Pour vivre une relation saine et harmonieuse, il est nécessaire d'être clair sur ses intentions et ses sentiments. Lorsqu'un partenaire ne sait pas ce qu'il veut, c'est une source de malentendus et de tensions dans la relation. Cela crée souvent un sentiment de frustration, et d'insécurité sur l'avenir de la relation.

Tu n'es pas obligée de subir l'indécision de l'autre. Il est important de prendre le temps de réfléchir et de décider ce qui est le mieux pour toi. Avant toute décision, tu dois en parler avec son partenaire pour dissiper les doutes et les conflits, et éviter les décisions impulsives ou irréfléchies.

Rappelle-toi, fais preuve de patience et de compréhension, pour aider l'autre à clarifier ses sentiments et ses intentions envers toi. Mais s'il n'est pas capable de prendre une décision, et que tu souffres d'être bloquée dans dans cette relation qui n'évolue pas, alors ne t'oblige pas à attendre éternellement. Tu mérites d'être heureuse maintenant. Le temps est précieux et la vie est trop courte pour attendre indéfiniment une personne qui ne peut pas faire de choix.

As-tu déjà vécu cette situation ? Si oui, comment as-tu réagi ?

. . . .

. . . .

. . . .

. . . .

. . . .

. . . .

T'es-tu sentie responsable de cette situation ? Et as-tu pu accepter l'idée que c'était Sa responsabilité ?

. . . .

. . . .

. . . .

. . . .

. . . .

. . . .

As-tu pu prendre une décision pour faire cesser ton mal-être ?

. . . .

. . . .

. . . .

. . . .

. . . .

. . . .

**« Le seul véritable pouvoir que tu as dans ce monde
c'est de choisir ta réponse.
Tu ne peux pas choisir ce qu'il t'arrive
mais tu peux décider de ne pas rester dans cette situation »**

Auteur inconnu

« Comment surmonter une tromperie ? »

La tromperie est très douloureuse et difficile à surmonter, mais il y a des choses que tu peux faire pour t'aider à guérir et à aller de l'avant.

Permets-toi de ressentir des émotions et accepte-les. Tu peux être triste, te sentir trahie et salie, être en colère, perdue, ... c'est normal. Parles-en à quelqu'un en qui tu as confiance, il t'aidera dans ton processus de guérison.

Pardonner est difficile, mais c'est une étape indispensable pour te libérer de ta colère et de ta douleur. Essaye de voir cette expérience comme une opportunité d'apprendre et de grandir. Donne-toi du temps. Sois patiente avec toi-même et permets-toi de guérir à ton rythme.

Si tu penses avoir pardonné à quelqu'un, mais que tu t'accroches à la colère, à la douleur ou à la souffrance, tu ne pardonnes pas réellement. Car oui, pardonner implique non seulement de libérer l'autre de toute culpabilité, mais aussi de te libérer de tout ressentiment et de toute négativité associés au comportement qui a causé la blessure. Le pardon véritable nécessite un lâcher-prise total pour avancer en paix.

Rappelle-toi, la reconstruction est un processus personnel et chaque personne guérit à sa manière. Prends soin de toi, ne laisse pas la trahison d'une personne te dévaloriser. Tu mérites l'amour d'une personne qui te traitera avec considération et respect.

As-tu déjà été trompée ? Si oui, comment as-tu réagi ?

. . . .

. . . .

. . . .

. . . .

. . . .

T'es-tu sentie responsable de son acte ? (Trop absente, trop jalouse, pas assez...)

. . . .

. . . .

. . . .

. . . .

. . . .

As-tu pu vraiment pardonner ? Si oui, qu'est-ce qui t'a permis de le faire ? Si non, qu'est-ce qui t'en a empêché ?

. . . .

. . . .

. . . .

. . . .

. . . .

« La rupture est faite, l'amour s'est envolé : Bon voyage ! »

"Pourquoi les gens agissent-ils comme ils agissent ?"

Nous pouvons agir de différentes manières dans une relation amoureuse en fonction de notre personnalité, nos expériences passées, notre éducation, notre culture, nos besoins et nos attentes.

Une personne peut chercher à être en couple pour satisfaire des besoins différents, comme l'affection, la sécurité, la compagnie, l'intimité, la validation de soi ou même un accomplissement personnel.

Ainsi, chacun peut agir différemment en fonction de ce qui est important pour lui. Par exemple, tu peux chercher à contrôler ton partenaire pour te sentir en sécurité ou chercher à être plus indépendante pour préserver ton besoin de liberté et d'autonomie.

De plus, une relation peut être influencée par ton environnement, comme le stress, la pression sociale ou les attentes familiales.

Rappelle-toi, dans une relation amoureuse, chacun a toutes les bonnes raisons d'agir comme il agit, en fonction de qui il est et de sa vision. Mais tu peux apprendre à mieux te connaître toi-même et à mieux comprendre l'autre grâce à la confiance et à la communication.

« Il était l'amour de ma vie »

Tu n'aimeras plus jamais une personne comme ça ? Tu te sens triste, démunie, depuis que "cette" personne a quitté ta vie. Vous avez partagé des moments inoubliables ensemble, c'est vrai. Cependant, cela ne signifie pas que ce sera le seul amour pour toi. Tu vivras d'autres moments inoubliables. Tu as peur, c'est normal. Tu ne sais pas de quoi est fait l'avenir, combien de temps tu mettras à l'oublier. Mais tu vas te relever et continuer à avancer, à avoir des projets, et tu finiras par trouver un amour encore plus grand et plus beau.

Laisse-toi le temps de guérir, pleure si tu as envie de pleurer. Pends soin de toi, entoure-toi de gens qui t'aiment et te soutiennent.

Rappelle-toi, tu mérites le meilleur. Ne laisse pas cette expérience te définir ou te briser. Utilise cette histoire d'amour comme une leçon et une opportunité pour devenir une version de toi-même, plus forte et plus confiante.

Décris le moment le plus intense que tu as ressenti dans ta vie amoureuse.

. . . .

. . . .

. . . .

. . . .

. . . .

Que ressentais-tu dans ton corps ? (Excitation, papillons dans le ventre, rythme cardiaque élevé...).

. . . .

. . . .

. . . .

. . . .

. . . .

Quelles étaient tes émotions ?

. . . .

. . . .

. . . .

. . . .

. . . .

Décris ton partenaire idéal.

. . . .

. . . .

. . . .

. . . .

. . . .

As-tu déjà ressenti ce sentiment d'avoir perdu l'amour de ta vie ? Si oui, sur une échelle de 1 à 10 à combien était ta douleur ? Et aujourd'hui ?

. . . .

As-tu réussi à te remettre de cette rupture ? Si oui, comment as-tu fait ? Si non, pour quelles raisons ?

. . . .

"Une rupture n'est pas la fin de ton histoire d'amour, mais plutôt une opportunité pour écrire un nouveau chapitre »

Vis-tu une situation de dépendance affective ?

Mets une croix si les affirmations suivantes correspondent à ta situation.

- ☐ Tu as l'impression d'aimer l'Autre plus qu'il ou elle ne t'aime.
- ☐ Tu dis rarement non à l'Autre.
- ☐ Tu trouves qu'il ou elle s'éloigne de toi.
- ☐ Tu as peur de perdre ton ou ta partenaire.
- ☐ Tu places les besoins de l'Autre avant les tiens, tu t'adaptes en permanence à lui ou elle.
- ☐ Tu as peur de te retrouver seule si tu le (la) quittes.
- ☐ Tu essaies souvent de te justifier lors d'une dispute, tu veux justifier ton comportement.
- ☐ Tu es très jalouse.
- ☐ Tu parles très souvent de ton ou ta partenaire à ton entourage, et tu ressens un agacement de leur part.
- ☐ Tu te sens souvent responsable d'une dispute ou d'une situation même si ce n'est pas réellement de ta faute.
- ☐ Tu ressens un sentiment d'insécurité et d'anxiété quand ton ou ta partenaire n'est pas disponible ou ne répond pas rapidement à tes messages.
- ☐ Tu as tendance à idéaliser l'Autre et à minimiser ses défauts.

☐ Tu as souvent besoin d'attention et tu cherches constamment la validation de l'Autre pour te sentir bien.

☐ Tu as une faible estime de toi et tu te sens incapable de vivre sans l'aide ou l'approbation de l'Autre.

☐ Tu as des difficultés à rompre même si c'est une relation malsaine et abusive, car tu as peur de te retrouver seule.

Si tu comptabilises plus de 8 croix, tu vis probablement une situation de dépendance affective. C'est à dire que tu donnes la responsabilité de ton bonheur à l'Autre.

Comment t'en sortir ?

Commence par reconnaître ta dépendance et accepte-la. Tu dois trouver ce qui te rend dépendante à l'autre. Ta dépendance s'arrêtera quand tu apprendras à te suffire à toi-même. Prends conscience de tes manques, de tes blessures, de tes souffrances et de tes peurs.
Apprends à t'aimer suffisamment, prends ta vie en main, aie la conviction que tu es capable de te construire indépendamment de ton couple.

Voici quelques conseils !

Évite les : « Je t'ai manqué ? », « Tu m'aimes ? », « Tu étais où ? », qui expriment ta dépendance et ta fragilité.

Fais ce que tu as envie de faire sans t'adapter à l'autre, impose tes choix et tes besoins.

Apprends à dire « NON », on ne va pas te rejeter pour quelque chose que tu ne veux pas, exprime ton opinion.

« Je ne sais pas pourquoi je t'aime »

Tu n'as pas besoin de lui. Mais tu veux être avec lui. Il arrive qu'on tombe amoureux sans savoir exactement pourquoi on est attiré par l'autre.

Cela peut te sembler étrange, et même déstabilisant.

Le sentiment amoureux est complexe et ne peut pas toujours être expliqué rationnellement. Tu peux être attirée par quelqu'un pour des raisons que tu ne comprends pas complètement, mais cela ne signifie pas que tes sentiments ne sont pas authentiques.

Rappelle-toi, l'amour est souvent une combinaison de raisons conscientes et inconscientes, et c'est cette combinaison unique qui rend chaque relation amoureuse mystérieuse et spéciale.

« Tu n'es pas la méchante de l'histoire »

Tu penses que c'est toi la méchante ?

Tu es partie ? Tu regrettes ?

Parfois nous sommes obligés de quitter une personne, car l'amour ne suffit pas. Absence de communication, manque de respect, divergence entre tes envies et les siennes,... Alors, oui, tu as eu raison de te choisir toi. De te retrouver, plutôt que te perdre dans une relation qui n'était plus toi.

Tu n'es pas méchante. Je sais à quel point c'est difficile de prendre une décision dont on n'a pas envie, mais tu souffriras sans doute moins que si tu avais décidé de rester. Par la même occasion, tu dis au revoir à la personne que tu étais devenue avec lui pour redevenir toi même.

Rappelle-toi, tu as essayé, tu n'as rien brisé, tu as juste pris la décision de ne plus subir une relation qui ne te rendait pas heureuse. Alors, sois fière de toi car tu as fait de toi ta priorité.

As-tu déjà eu le sentiment d'être la méchante ? Si oui, qu'est-ce qui te l'a fait croire ?

. . . .

. . . .

. . . .

. . . .

. . . .

. . . .

As-tu réussi à dépasser ce sentiment de culpabilité ? Si non, qu'est-ce qui t'en empêche ?

. . . .

. . . .

. . . .

. . . .

. . . .

. . . .

« Le destin rassemble toujours ceux qui doivent être ensemble »

Est-ce que certaines personnes sont destinées à se rencontrer et à être ensemble ?

Les relations humaines sont complexes et peuvent être influencées par de nombreux facteurs, tels que les circonstances de la vie, les rencontres, les choix... La chance, le hasard peuvent certes, jouer un rôle dans certains cas, mais cela ne signifie pas que toutes les relations soient prédestinées et que tu doives attendre passivement que le destin se réalise.

Chacun est libre de croire ou non en l'idée du destin et de son influence sur notre vie et nos rencontres. Mais on ne doit jamais oublier qu'il est de notre responsabilité de construire des liens authentiques et sincères, et de faire de son mieux pour vivre des relations positives, harmonieuses et épanouissantes.

Rappelle-toi, tu es libre de croire ou non que le destin te conduira à ton âme sœur, mais l'important est de vivre chaque rencontre à 100%.

Crois-tu au destin ?

. . . .

. . . .

. . . .

. . . .

. . . .

. . . .

As-tu déjà rencontré ton âme soeur ? Si oui, comment t'en es-tu rendu compte immédiatement ?

. . . .

. . . .

. . . .

. . . .

. . . .

. . . .

Es-tu dans l'attente de ton âme sœur ? Si oui, penses-tu qu'attendre soit la bonne solution et pourquoi ?

. . . .

. . . .

. . . .

. . . .

. . . .

. . . .

« Je t'aimais tellement que, même quand tu m'as détruite, j'ai essayé de te comprendre »

La force de l'amour peut te pousser à continuer dans une relation même si celle-ci te fait vivre des souffrances. L'amour peut te conduire à supporter des comportements inappropriés dans le but de sauver à tout prix la relation.

Mais jusqu'où tu peux aller ? Jusqu'où irais-tu pour comprendre l'autre, pour l'excuser parfois ?

Lorsqu'une relation devient toxique ou dangereuse, la recherche de compréhension et de pardon peut se transformer en une forme de soumission ou de dépendance malsaine. Ton empathie dépasse alors la douleur et la trahison.

Certes, comprendre les raisons et les motivations des autres peut t'aider à mieux comprendre leurs actions, et leurs comportements, mais ne doit pas te conduire à tout accepter.
Eviter les conflits inutiles, oui, mais supporter l'insupportable, non !

Rappelle-toi, il est important de savoir où tracer ta ligne entre la compassion et la soumission, et avant tout, de prendre soin de toi dans cette relation.

Rappel :

« C'est à toi de prendre soin de toi.

Quoi que tu fasses ne laisse pas

la négativité des gens t'atteindre,

te détourner de ton bonheur.

Transforme les critiques en motivation

pour devenir une personne meilleure »

Es-tu instable émotionnellement ?

Coche les cases qui te semblent répondre à ta situation.

- [ ] Tu as des sautes d'humeur fréquentes, tu passes rapidement d'une émotion à une autre, sans raison apparente.

- [ ] Tu as des réactions excessives ou disproportionnées dans certaines situations.

- [ ] Tu es impulsive, tu as du mal à contrôler tes impulsions, ce qui peut te conduire à des comportements risqués ou impulsifs, par exemple, des achats compulsifs, excès de nourriture...

- [ ] Tu as des difficultés à maintenir des relations interpersonnelles stables et durables. Tu as des problèmes avec l'engagement ou la fidélité dans tes relations amoureuses.

- [ ] Tu souffres d'anxiété, de dépression ou d'autres problèmes de santé mentale.

- [ ] Tu as peur de l'abandon, une peur intense d'être rejetée, ce qui peut entraîner des comportements de dépendance ou de contrôle dans tes relations.

- [ ] Tu as tendance à saboter tes efforts ou tes relations, en raison de tes comportements impulsifs.

Ces descriptions ne sont pas exhaustives et peuvent varier en fonction de chaque personne. Si tu penses être instable émotionnellement, il est important de chercher une aide professionnelle pour apprendre à gérer tes émotions et améliorer ton bien-être émotionnel et mental.

As-tu déjà eu le sentiment d'être détruite ? Si oui, pourquoi ?

. . . .

. . . .

. . . .

. . . .

. . . .

. . . .

As-tu déjà essayé de comprendre l'Autre en lui trouvant des excuses ? Si oui, lesquelles ?

. . . .

. . . .

. . . .

. . . .

. . . .

. . . .

Fais-tu preuve de plus de compassion et de compréhension envers l'Autre qu'envers toi ? Pense à des exemples concrets et aide-toi du questionnaire en page suivante.

. . . .

. . . .

. . . .

. . . .

. . . .

. . . .

Envers qui fais-tu le plus preuve de compassion ? Envers toi-même ou envers les autres ?

Dans une situation difficile, comment réagis-tu habituellement ?

a) Je me concentre sur la façon d'aider les autres à surmonter la difficulté.

b) Je me concentre sur la façon pour moi, de surmonter la difficulté.

Comment traites-tu les erreurs que tu as faites ?

a) Je suis souvent plus indulgente envers les erreurs des autres qu'envers les miennes.

b) Je suis souvent plus indulgente envers mes propres erreurs qu'envers celles des autres.

Comment gères-tu les compliments ?

a) J'ai tendance à complimenter les autres.

b) J'ai tendance à ne pas accepter facilement les compliments envers moi.

Si tu as répondu majoritairement aux options a), cela peut indiquer que tu as plus de compassion envers les autres qu'envers toi-même. Si tu as répondu majoritairement aux options b), cela peut indiquer que tu as plus de compassion envers toi-même qu'envers les autres.

« Je suis une Queen avec ou sans toi »

Une femme est capable de se réaliser pleinement et d'être indépendante.

Tu as le pouvoir sur ta vie, tes rêves et tu peux décider de la personne que tu veux être. Tu as ta propre voix, ta propre puissance, alors sois fière de les revendiquer.

Souviens-toi que tu n'as, en aucun cas, besoin d'un partenaire pour donner du sens à ton existence et à ta réussite.

Rappelle-toi, il ne s'agit pas de dire que les femmes n'ont pas besoin d'amour dans leur vie. Au contraire, mais il s'agit de comprendre que tu n'as pas besoin d'être dépendante de l'autre pour vivre un véritable amour.

Plus tu assumeras ta propre identité et ton propre pouvoir, plus tu vivras une relation équilibrée et merveilleuse.

"Aimez-vous suffisamment pour avoir une vision de vous-même qui vous élève au-dessus de votre état actuel."

Anon

« Je suis belle, intelligente, géniale, donc j'arrête de me comporter comme si ce n'était pas le cas »

Prétentieuse ? Arrogante ?

Une fausse modestie peut en réalité limiter ton potentiel et ton estime de toi. En reconnaissant tes forces et tes atouts, en les revendiquant, tu pourras avoir suffisamment confiance en toi pour réaliser tes rêves.

En affirmant tes qualités sans crainte de paraître prétentieuse, tu adoptes une attitude positive et assurée. Cela se traduira par des prises de décision plus rapides, et une plus grande capacité à relever des défis.

Sois juste envers toi-même, même si cela peut être un défi à relever.

Rappelle-toi que la reconnaissance de tes qualités ne doit pas être confondue avec de l'arrogance. Il est essentiel de te dire que personne n'est parfait, et que chacun a ses forces et ses faiblesses. Tu dois utiliser les deux pour vivre une vie heureuse et épanouie.

Quelles sont tes qualités ?

- [ ] Respectueuse
- [ ] Ambitieuse
- [ ] Gentille
- [ ] Ouverte d'esprit
- [ ] Patiente
- [ ] Sociable
- [ ] Indépendante
- [ ] Serviable
- [ ] Joyeuse
- [ ] Empathique
- [ ] Intelligente
- [ ] Souriante
- [ ] Sincère
- [ ] Drôle
- [ ] Mature
- [ ] Courageuse
- [ ] Loyale
- [ ] Honnête

Tu peux en rajouter :

« Je ne vais pas m'excuser pour la façon dont j'ai choisi de réparer ce que tu as cassé en moi »

L'auto-guérison. Tu as le droit de prendre ton propre chemin, même si cela peut déplaire à certaines personnes. Choisis de te réparer toi-même, plutôt que d'attendre que la personne responsable de ta blessure le fasse pour toi.

Tu prendras alors le contrôle sur ta vie, et sur ton bien-être. Tu seras alors libre et indépendante vis-à-vis de la personne qui t'a blessée. Ton bonheur ne dépendra de personne.

Bien que tu puisses te réparer toi-même, tu as le droit de recevoir l'aide de personnes bien intentionnées envers toi.

Rappelle-toi de l'importance de prendre en charge ta propre guérison. Tu es seule responsable de ta façon de réagir et tu peux décider de reprendre les rênes de ta vie. Mais cela ne signifie pas que tu doives t'endurcir et t'isoler. Au contraire, le choix d'aller mieux peut être facilité par le soutien et l'empathie des autres.

Chère toi,

Avance et oublie.

Tu es rare et précieuse, ne laisse personne te dévaloriser.

Détache-toi du regard d'autrui, reste toi-même.

Les gens qui t'aiment comprennent.

Rien ne se perd, tout se transforme.

Sois toi-même.

« Sois cette femme ! »

Accepte-toi comme tu es !
C'est important, car les femmes ont souvent été conditionnées à se conformer à des normes sociales et culturelles qui ne correspondent pas toujours à ce qu'elles sont vraiment.

Pour être toi-même, tu dois apprendre à reconnaître tes désirs et tes propres besoins, à cultiver tes passions et tes talents, et à t'aimer pour tout ce que tu es. Cela peut sembler évident, mais c'est plus difficile qu'il n'y paraît.

Tu dois être capable de t'affirmer, de prendre des risques, de défendre tes idées et tes opinions, et ne pas avoir peur de te différencier des autres. Cela n'a rien à voir avec l'égoïsme. Il s'agit plutôt de reconnaître que tu es unique et que tu as ta propre contribution à apporter au monde !

Mais tu dois aussi accepter tes faiblesses et tes imperfections. Les femmes sont souvent soumises à des normes de beauté et de comportement irréalistes. Si tu te compares sans cesse, tu vas être amenée à te juger négativement et à te dévaloriser.

Rappelle-toi, l'invitation à "être cette femme" peut sembler simple mais elle demande de l'indépendance d'esprit, du courage et de l'authenticité. Nous devons nous soutenir mutuellement dans cette quête !

**« À partir du moment où tu t'exprimes,
tu révèles au monde qui tu es »**

Quelle femme es-tu vraiment ? (Naturelle, sophistiquée, sociable timide, soumise, indépendante,...)

. . . .

. . . .

. . . .

. . . .

. . . .

. . . .

. . . .

. . . .

. . . .

. . . .

. . . .

. . . .

. . . .

. . . .

. . . .

. . . .

. . . .

. . . .

« Il préfère te perdre que d’affronter la situation »

Attitude étrange ? Choquante ?

Il y a des situations où une personne peut se sentir dépassée ou incapable de faire face aux défis d'une relation amoureuse, et choisit de mettre fin à celle-ci plutôt que de lutter pour la maintenir.

L’une des raisons de cette attitude, est la peur. Elle traduit généralement une faible estime de soi, et une confiance limitée en ses capacités à résoudre les problèmes.

Mais parfois c'est de la sagesse : Si la relation est basée sur des comportements abusifs ou des habitudes malsaines, le choix de perdre l'autre s'impose. Il en est de même lorsque les valeurs et les besoins de chacun sont trop différents pour être surmontés. Il est alors préférable de se séparer plutôt que de s'obstiner dans une relation qui ne fonctionne pas.

Rappelle-toi que dans tous les cas tu n’es pas responsable du comportement de l’autre, et qu’il y a des situations où mettre fin à la relation peut être le meilleur choix pour tous les deux.

« On a encore essayé, et ça a marché ! »

L'importance de la persévérance.

Il est courant, dans une relation amoureuse d'avoir à faire face à des obstacles difficiles à surmonter. Tu peux être confrontée à différents problèmes : difficultés de communication, jalousie, manque de confiance, divergences d'opinions, de choix, ...

Dans certains cas, ces défis peuvent sembler insurmontables, mais si l'amour est fort et que vous êtes prêts à faire le chemin ensemble, vous pouvez trouver des solutions et améliorer votre relation.

Il est important de comprendre que les problèmes ne disparaissent pas d'eux-mêmes, comme par magie. Vous devez être honnêtes et communiquer ouvertement en vous écoutant vraiment.

Rappelle-toi, la patience et la communication permettent parfois de surmonter bien des épreuves dans la relation, et même, de faire renaître un amour plus fort et plus sincère.

« Il y a mieux que moi, mais elles ne seront jamais moi »

Pour te sentir bien, tu dois apprendre à t'accepter telle que tu es, sans te comparer.

Pourquoi te sens-tu parfois inférieure aux autres ? Pourquoi envies-tu les qualités d'une autre, alors que chaque personne est unique et irremplaçable.

La comparaison avec les autres abîme l'estime de soi. En te focalisant sur les qualités des autres, tu as tendance à minimiser les tiennes et à te dévaloriser ! De plus, les qualités que tu admires chez les autres ne sont pas nécessairement celles qui te rendent naturellement séduisante et admirable.

Concentre-toi sur tes propres qualités et cherche à les développer. Mets en lumière tes atouts et tes forces plutôt que d'essayer de ressembler à ce que tu n'es pas.

Rappelle-toi, chaque personne est unique, il n'y a pas de standard universel de beauté et d'intelligence. Ce qui peut être considéré comme une qualité par certains, peut ne pas l'être pour d'autres. Il est donc inutile d'avoir une image idéalisée de toi-même ou des autres.

Quelles qualités admires-tu le plus chez les autres ? (Confiance en soi, générosité, optimisme, gentillesse, etc...)

. . . .

. . . .

. . . .

. . . .

. . . .

. . . .

. . . .

Lesquelles de ces qualités peux-tu retrouver en toi ?

. . . .

. . . .

. . . .

. . . .

. . . .

. . . .

. . . .

6 conseils pour arrêter de penser à quelqu'un qui t'a fait du mal

Rappelle-toi qu'il est tout à fait normal de penser à l'Autre, mais voici des conseils pour t'aider à aller de l'avant !

Évite le contact ! Ne le contacte pas, même si la tentation est très forte, surtout dans certains moments. Demande à ta meilleure amie, par exemple, de prendre ton téléphone dès que tu as envie de le joindre, et de te le rendre après ! Si tu n'y arrives pas, surprime son numéro de téléphone.

S**upprime-le des réseaux sociaux** ! Si tu ne peux pas t'empêcher d'aller scroller chaque jour ce qu'il ou elle fait, pour savoir si il / elle s'amuse et se distrait, alors que toi tu déprimes, bloque ses comptes.

Occupe-toi l'esprit ! Pour ne pas penser à lui ou elle, tu dois investir ton temps et ton énergie dans des activités que tu aimes. Sors avec des amis, ou profite simplement de ton temps libre pour t'amuser, même si tu n'en as aucune envie. Force-toi à prendre l'air et à communiquer (cela ne veut pas dire ramener toutes tes discussions à celui ou celle à qui tu penses !). Je t'assure que si tu fais cet effort tu vas te sentir mieux !

Entoure-toi de gens positifs ! Passe du temps avec des amis et des membres de ta famille qui te soutiennent et t'encouragent. Ils peuvent t'aider à rester positive et à garder le moral. Et surtout, ils sont là pour te rappeler que tu n'es pas seule et que tu comptes pour eux !

Sois patiente ! Il n'y a pas de remède miracle pour oublier une personne qui est sortie de ta vie. Le temps guérit toutes les blessures, donc sois patiente avec toi-même et donne-toi le temps de guérir. Je t'assure que ça va aller, tu vas t'en remettre !

Cherche de l'aide si nécessaire ! Si tu as du mal à avancer malgré tous tes efforts, n'hésite pas à demander l'aide d'un professionnel. Un thérapeute, un coach peuvent t'aider à comprendre tes sentiments et à surmonter ton chagrin d'amour. Ce n'est en aucun cas un signe de faiblesse !

Lequel de ces conseils pourrais-tu immédiatement appliquer ?

. . . .

. . . .

. . . .

. . . .

. . . .

. . . .

. . . .

. . . .

. . . .

. . . .

. . . .

. . . .

. . . .

. . . .

« Se venger...Pourquoi au final ? »

La vengeance est une réaction courante dans de nombreuses situations. Mais est-elle une réponse appropriée ?

La vengeance peut te sembler justifiée parce que tu souffres et que tu t'es sentie trahie. Tu veux que l'autre éprouve lui aussi cette douleur. Mais elle peut aussi avoir des conséquences négatives qui rendent la situation encore plus difficile. La vengeance est souvent impulsive et motivée par une émotion de colère, de déception ou un sentiment d'injustice. Mais est-elle utile ?

Si tu ne te concentres pas uniquement sur la satisfaction immédiate recherchée, à savoir calmer ton émotion, tu vas te rendre compte, que tu risques de prolonger cette souffrance ou encore, d'aggraver la situation en provoquant une perte de respect et de considération de la part des autres, et plus grave encore, vis à vis de toi-même.

Rappelle-toi, au lieu de mettre toute ton énergie à te venger, tu peux te concentrer sur toi, tes envies, ton bien-être et ton avenir. Il est capital de chercher des moyens plus efficaces pour gérer ta douleur et passer à autre chose : Exprime ce que tu ressens, pardonne, et fais de toi la cible privilégiée de ton attention car tu es la personne la plus importante de ta vie.

As-tu déjà eu envie de te venger ? Si oui, pourquoi ? Et, est-ce que ça t'a apporté une satisfaction à long terme ?

. . . .

. . . .

. . . .

. . . .

. . . .

A présent, qu'est-ce que tu penses de la vengeance ?

. . . .

. . . .

. . . .

. . . .

. . . .

. . . .

. . . .

« Tard le soir, on réfléchit vraiment à beaucoup trop de choses »

Voici mes conseils, pour t'aider à ne pas trop penser :

Pratique la méditation. Concentre-toi sur le moment présent, prends de grandes respirations, pense à une situation qui te rend heureuse et apaisée. Cela va réduire tes pensées envahissantes. Télécharge une application sur ton téléphone afin de te guider.

Évite les écrans. Les écrans stimulent ton cerveau, et t'empêchent de te détendre.

Organise-toi une routine de sommeil. Essaie de te coucher et de te lever à la même heure. Tu vas te réguler, et améliorer la qualité de ton sommeil !

Fais de l'exercice. Cela te permettra de réduire ton stress et ton anxiété. Tu vas pouvoir « t'évader » durant ce temps là, et prendre soin de toi.

Écris tes pensées. Écrire va te permettre de te libérer. Écris toutes les pensées qui te passent par la tête, les bonnes comme les mauvaises.

« Souviens- toi que tout le monde n'a pas le même cœur que toi »

Chère Toi,

Souviens-toi que tu as bon cœur, que tu es une personne bienveillante et attentionnée. Je sais que parfois tu peux te sentir découragée par le comportement des autres.

Tu te demandes pourquoi certains agissent de manière égoïste, insensible ou même méchante. Tu te demandes comment tu peux continuer à avoir confiance en eux ?

Rappelle-toi que chacun a son histoire, ses propres blessures et ses propres peurs, et que tout ça provoque nos réactions et nos comportements. Continue à agir avec compassion et à donner de l'amour aux autres, même si cela n'est pas toujours facile.

Le monde a besoin de plus de personnes comme toi, pour apporter un peu plus de lumière et de bienveillance. Continue d'être la belle personne que tu es, et tu rencontreras des gens qui t'apprécient et te respectent pour cela.

Tu as le droit de rire très fort,

de parler beaucoup.

Tu as le droit à ce rouge à lèvre carmin,

À cette petite robe noire,

À ces talons dangereusement hauts.

Tu as le droit d'aimer très fort, et d'aimer être désirée.

Et puis, tu as le droit aux cheveux mal coiffés, aux joggings délavés, au visage démaquillé.

Tu as le droit d'être en colère, triste, hystérique.

Tu as le droit d'entreprendre, de gagner beaucoup d'argent, d'être brillante, et infiniment cultivée.

Tu as le droit de dire non, de dire oui, de diriger, de décider, de te tromper, d'échouer, et d'y arriver

Tu as le droit d'être libre.

« Être une femme »

Tu as tellement de pression. Tu dois être sexy, mais pas vulgaire. Tu dois être mignonne et jolie.

À force que la société te dise comment te comporter, tu finis par perdre de vue qui tu es, et qui tu as le droit d'être.

Alors arrête d'être comme tout le monde veut que tu sois, de vouloir te faire accepter par une société qui n'est pas toi.

Rappelle-toi, tu t'en fiches de ce que les autres ont à dire de toi, le bon et le mauvais, ton privilège c'est d'être qui tu es.

« Je me suis égarée »

Où est ton vrai toi ? Il te manque ?

Tu as peut-être laissé une personne prendre le contrôle, en te faisant ressentir que ton seul rôle était de la rendre heureuse, même si pour cela tu as du sacrifier tes propres désirs et besoins. Mais c'est un chemin dangereux qui mène à une relation toxique.

Sois déterminée à retrouver ton vrai toi, à reprendre le contrôle de ta vie et à construire une relation saine et équilibrée. Cela ne sera pas facile, mais tu peux atteindre cet objectif.

Rappelle-toi, tu ne veux pas te perdre dans une relation. Tu veux t'épanouir et grandir avec quelqu'un qui te respecte et t'aime pour qui tu es vraiment.

Chère Moi,

Je suis désolée d'avoir douté de moi, d'avoir laissé les autres me dirent qui j'étais.

Je n'avais pas encore pris conscience à quel point j'étais forte. Maintenant je sais que j'ai eu tort.

Je suis unique et puissante, courageuse et confiante.

Je sais que je vais faire de grandes choses.
Je suis prête à croire en moi.

Quand deux veulent,

Deux essaient,

Deux y arrivent,

Deux réussissent.

« L'amour »

L'amour est universellement recherché. Il se définit par des sentiments profonds et de l'affection envers l'autre, mais aussi par un désir romantique, un engagement durable et épanouissant. L'amour peut prendre différentes formes, romantique, platonique, ou même spirituel.

L'amour est souvent associé à des émotions intenses, telles que la passion et la jalousie.

Tu es heureuse quand l'autre est heureux, tu es contrariée, quand il est contrarié. L'amour favorise la confiance et la communication, et donne un sentiment de sécurité émotionnelle. Il aide aussi à surmonter les défis et les obstacles qui se présentent dans la vie.

L'amour peut aussi conduire à des comportements possessifs ou jaloux, à des disputes ou à des ruptures douloureuses. Il peut parfois nous aveugler sur les défauts de notre partenaire ou son comportement toxique.

Rappelle-toi, pour construire une relation amoureuse saine et épanouissante, il est important d'exprimer l'amour de manière positive et de déterminer ses limites en fonction de notre propre définition de l'amour.

« Ça n’a pas été facile, mais j’ai réussi »

Dans ta vie, tu peux être confrontée à des obstacles qui te semblent insurmontables. Tu te demandes alors comment tu vas t'en sortir.

Ta vie amoureuse peut être pleine d’incertitudes. Tu as pu rencontrer quelqu’un d’incompatible avec toi, et cette relation t'a déçue ou encore, faire face à des problèmes de communication dans ton couple.

Tu dois affronter tes peurs, accepter ta colère, ta tristesse, tes doutes et tes insécurités. Exprimer et décrire toutes tes émotions est une première étape pour commencer à guérir et à te libérer du fardeau de ta relation passée.

Sors de ta zone de confort, prends le risque de rencontrer de nouvelles personnes. Concentre-toi sur toi-même et prends soin de ton propre bien-être.

Fais un travail de réflexion afin de comprendre tes besoins et tes limites. Apprends à te libérer de la douleur et des blessures du passé pour comprendre ce qu’il s’est passé. Cela te permettra de savoir quelles leçons tu as à en tirer.

Rappelle-toi, se tourner vers l'avenir et ouvrir ton cœur te conduiront vers de nouvelles opportunités. C’est difficile, car il est normal d'avoir des appréhensions et des craintes après une relation qui s’est transformée en échec. N’oublie pas, il t'appartient de te rendre compte que la vie est remplie de nouvelles possibilités pour trouver le bonheur. Tu vas réussir, aie confiance en toi !

Essaie.

Essaie à nouveau,

Encore et encore,

Essaie de trouver quelqu'un qui l'a fait,

Essaie de trouver ce qui ne marche pas,

Essaie de trouver ce qui marche,

Essaie jusqu'à ce que tu y arrives,

Essaie, et surtout n'abandonne pas.

« J'ai peur de m'attacher »

Il est tout à fait normal que tu aies peur à l'idée de t'attacher à quelque'un, surtout si tu as connu des expériences difficiles dans le passé.

Voici quelques conseils pour t'aider à surmonter cette peur :

Identifie la source de cette peur. Réfléchis à ce qui te fait peur. Cela peut être la peur d'être blessée, de ne pas être aimée en retour, d'être abandonnée,... Tu pourras alors savoir comment y faire face.

Prends du temps. Ne te précipite pas dans une relation. Prends le temps de construire un lien solide et sain basé sur la confiance et le respect mutuels. Cela t'aidera à te sentir plus en sécurité et renforcera ta confiance en toi.

Communique. Parle-lui ouvertement de tes peurs. La communication est la clé pour construire une relation durable. Il ou elle pourra alors te soutenir et te rassurer.

Sois ouverte à l'amour. Bien que ta peur de l'attachement soit compréhensible, il est important de ne pas laisser tes peurs t'empêcher de construire une relation épanouissante et durable. En étant ouverte et en prenant des risques, tu peux trouver le bonheur et l'amour que tu mérites.

« Parfois, ce que vous craignez le plus de faire, est ce qui vous libérera »

Il arrive souvent que l'on craigne de faire certaines choses qui pourraient nuire à notre relation ou à notre confort.

Mais est-ce que ces craintes ne sont pas en réalité des freins qui t'empêchent d'avancer et de te libérer ?

Ces craintes sont liées à tes expériences passées, à tes peurs profondes.

Par exemple, si tu as été trahie dans le passé, tu peux craindre de t'engager à nouveau par peur de souffrir encore. Mais attention, si tu te laisses guider par tes peurs, tu risques de gâcher une chance de vivre une relation plus profonde et plus authentique.

De la même façon, prendre des décisions difficiles, comme rompre une relation qui ne te convient pas, te permettra de te libérer de tes peurs et de tes blocages.

Rappelle-toi, même s'il est important de prendre le temps de réfléchir à tes choix et de ne pas agir impulsivement, affronter tes peurs est en réalité la clé de ta liberté et de ton bonheur dans ta relation. Il est donc important que tu exprimes honnêtement tes sentiments autant pour toi-même que pour l'autre, en acceptant d'être vulnérable pour être libre.

Quelles sont les peurs que tu ressens le plus souvent ? (Peur de t'attacher, peur de l'abandon, d'être trahie, d'être la personne qui aime le plus dans la relation, etc...)

. . . .

. . . .

. . . .

. . . .

. . . .

Ces craintes sont-elles fondées ? Si oui, pourquoi ? (Relation passée, influence d'une expérience de quelqu'un de ton entourage, peur de l'inconnu, peur de l'échec, etc...)

. . . .

. . . .

. . . .

. . . .

. . . .

Quelle est la première petite action que tu pourrais mettre en place pour y faire face?

. . . .

. . . .

. . . .

. . . .

. . . .

« Il faut parfois quitter celui qu'on aime, pour rencontrer celui qu'on mérite »

L'amour est un sentiment difficile à comprendre. Parfois, nous tombons amoureux de quelqu'un qui ne nous convient pas ou qui ne nous traite pas bien. Or, l'amour peut aveugler notre jugement et nous faire ignorer les signes évidents de problèmes dans notre relation.

Il est donc très important de te rappeler que nous méritons toutes d'être aimées avec sincérité et respect. Parfois, cela signifie quitter la personne que l'on aime.

Même si cela peut te sembler effrayant et incertain, quitter une relation toxique peut être le premier pas vers un avenir meilleur.

Dans certains cas, tu peux être attirée par des personnes pour de mauvaises raisons, comme la peur de la solitude ou la dépendance affective. Dans ce cas, il est important de réfléchir à ce que tu veux vraiment dans ta relation et à ce dont tu as besoin pour te sentir en sécurité.

Quitter ta relation ne garantit pas automatiquement que tu rencontreras immédiatement quelqu'un qui réponde à tes attentes. Il peut y avoir des moments où tu pourrais avoir envie ou besoin d'être seule pendant un certain temps, pour faire le point avec toi-même et découvrir ce que tu recherches vraiment. Parfois, on a besoin d'aide pour accepter cette étape, qui consiste à se retrouver seule avec soi-même en se sentant bien.

Rappelle-toi, le processus de guérison peut être difficile, mais c'est la meilleure chose que tu puisses faire pour toi. L'amour doit être un choix libre et éclairé. Reste fidèle à toi-même. En faisant des choix conscients, tu pourras trouver le bonheur que tu mérites.

« Oui, la douleur change l'humain »

L'amour apporte beaucoup de bonheur mais aussi potentiellement beaucoup de douleur.

Or, la douleur peut transformer les comportements. Par exemple, nous pouvons devenir plus distants envers les autres, même ceux que nous aimons. Nous pouvons également avoir du mal à faire confiance à nouveau et développer plus de méfiance dans nos relations. La douleur peut également entraîner une perte d'estime de soi, nous conduisant à nous sentir moins assurés dans nos choix, et dans notre capacité à passer à l'action et à aimer.

Parfois la douleur entraine des symptômes tels que l'anxiété, la dépression, le stress, la colère... Elle peut même entrainer un comportement autodestructeur.

Bien que la douleur soit une expérience difficile à vivre, elle peut néanmoins t'aider dans ta croissance personnelle et ton développement émotionnel. Elle peut t'aider à mieux comprendre tes limites et tes besoins, et t'encourager à travailler sur toi-même pour améliorer tes relations futures.

Rappelle-toi, bien qu'il ne soit pas agréable d'éprouver de la douleur, il est important de te rappeler que ça fait partie de la vie. Tu peux transformer cette douleur en cadeau caché en devenant une personne plus forte et plus compréhensive.

« Et sans s'en rendre compte, c'était notre dernière fois »

La fin d'une relation amoureuse peut survenir de manière inattendue. Nous pouvons alors ressentir des regrets en nous rendant compte que nous avons vécu notre dernière expérience ensemble sans même le savoir.

Cette situation peut être le résultat d'une communication insuffisante ou d'un manque de clarté dans la relation. Il est possible que les partenaires n'aient pas été suffisamment explicites quant à leurs intentions et leurs attentes. Cette attitude passive entrainant la fin de la relation sans que l'un ou l'autre ne s'en rende compte.

Mais parfois, l'un des partenaires choisit délibérément de mettre fin à la relation sans en informer l'Autre. Dans ce cas, celui ou celle qui a pris la décision peut se sentir coupable et triste de ne pas avoir dit la vérité sur son intention. Quant au partenaire quitté dans ces conditions, il peut évidemment ressentir beaucoup d'amertume et de colère. Mais dans ce cas, c'est souvent, un manque de courage qui a empêché celui qui part de révéler ses intentions, sans pour autant avoir eu la volonté de blesser l'Autre. Malgré tout, pour celui ou celle qui n'a pas été informée, le choc peut être violent.

Rappelle-toi, cette situation peut provoquer de la tristesse, de la nostalgie, du regret et même de la colère, mais quelles que soient les raisons qui ont conduit à cette situation de rupture, c'est presque toujours, la peur de faire souffrir l'Autre et l'impossibilité de l'assumer, qui empêchent de dire ce qu'il se passe vraiment.

"Si j'avais su que c'était notre dernière fois, j'aurais fait en sorte de te serrer un peu plus fort dans mes bras."

« L’attente »

L'attente peut à la fois créer de l’anxiété et de l’excitation.

Etre dans l’attente d'une réponse, d'un rendez-vous, ou attendre que quelque chose se passe, crée du stress, car nous n’avons pas de prise sur ce qui ne dépend pas de nous.

Mais l’attente peut aussi être excitante. Tu peux te sentir vivante, avoir des papillons dans le ventre et imaginer toutes les possibilités qui pourraient arriver.

Mais attention, l'attente ne doit pas devenir une habitude malsaine et passive. Comme par exemple, une stratégie pour ne pas passer à l’action, ou encore attendre des signes extérieurs, pour justifier de ne rien faire soi même, en passant son temps à rêver sa vie.

Rappelle-toi, dans l'attente tu peux trouver un équilibre entre une anxiété paralysante et une excitation débordante. Tu peux communiquer sur ce que tu ressens, proposer une rencontre, ou même passer à autre chose si la situation n'évolue pas. Il est important que tu ne restes pas coincée dans l'attente éternellement.

Conseils pour les couples !

Communiquer. La communication est essentielle dans toute relation. Il est important de parler ouvertement et honnêtement. Essaye de comprendre les besoins et les sentiments de l'autre et exprime les tiens.

Respecter l'autre. Le respect mutuel est crucial dans toute relation. Cela signifie que tu dois être consciente des limites de l'autre, et de ses souhaits. Le respect doit être réciproque, alors ne t'oublie pas.

Accepter. Accepte ton partenaire comme il est, avec toutes ses imperfections. Cela ne veut pas dire que tu doives tolérer un comportement abusif, mais cela signifie que tu dois accepter et aimer ton partenaire pour ses qualités mais aussi ses défauts.

Prendre du temps pour soi. Prends du temps pour toi et encourage ton partenaire à faire pareil. Avoir des intérêts et des activités en dehors de la relation peut renforcer ton indépendance et te rendre plus heureuse.

Pratiquer le compromis. C'est très important ! Tu ne peux pas toujours avoir ce que tu veux et il est important de trouver un terrain d'entente avec ton partenaire pour résoudre d'éventuels problèmes.

Gérer les crises. Les conflits sont inévitables dans toute relation, mais il est important de les gérer de manière constructive. Évite les accusations, les critiques, les attaques personnelles, et le silence boudeur ! Cherchez plutôt des solutions ensemble. Parle en utilisant le « JE » (Je me sens délaissée, incomprise...) plutôt que le « TU » (Tu ne t'occupes pas assez de moi, tu ne t'intéresses pas à moi...)

Privilégier l'intimité. Créez des moments intimes ensemble, que ce soit par des gestes tendres ou des activités que vous appréciez tous les deux.

Reconnaitre ses erreurs : Personne n'est parfait, accepte de reconnaître tes erreurs et demande pardon si tu as blessé ton partenaire. Ce n'est pas une faiblesse, au contraire, l'autre t'admirera pour ça.

Rire ensemble. Trouvez le temps de rire et de vous amuser ensemble, cela renforce la complicité dans le couple.

« Aie confiance en toi »

Voici mes conseils pour t'aider à avoir d'avantage confiance en toi :

Ose. Choisis une activité dont tu as toujours rêvée mais que tu n'as jamais osé pratiquer. Assure-toi que c'est quelque chose qui te mette un peu hors de ta zone de confort, cela te rendra encore plus fière de toi.

Fixe-toi un objectif spécifique atteignable. C'est la méthode des "petits pas". Par exemple, si tu veux chanter en public, ton objectif peut être de commencer en chantant devant des amis.

Prend soin de toi pour de te sentir bien. Par exemple, si tu te sens bien quand tu es pomponnée, apprêtée, prépare toi pour sortir seule ou avec des amis.

Prends conscience du chemin parcouru. Prends un moment pour réfléchir à ce que tu as accompli. Réfléchis aux progrès que tu as fait, à tes réussites et à ce que tu pourrais améliorer la prochaine fois.

Rappelle-toi, célèbre tout ce que tu as entrepris, et félicite-toi. toujours pour avoir essayé. Quoi que tu fasses, soit tu réussis, soit tu apprends.

« Oublie ce que tu ressens et pense à ce que tu mérites »

Parfois, un appel à la raison est nécessaire. Car il est souvent difficile de prendre des décisions objectives lorsque l'on est emporté par ses émotions.

Les émotions sont trompeuses dans une relation passionnelle. Il est alors nécessaire de prendre du recul pour évaluer la situation de manière objective afin de choisir ce qui est le mieux pour soi à long terme. Si tu te concentres sur tes besoins profonds et tes attentes, tu peux éviter d'être emportée par tes émotions et être d'avantage en mesure de prendre des décisions.

Cependant, il est difficile de mettre totalement de côté tes sentiments lorsque tu es dans ta relation amoureuse.

Rappelle-toi, il est important de trouver un équilibre entre tes émotions et ta raison, pour ne pas subir ta vie mais au contraire, choisir de vivre tout ce que tu mérites.

« La douleur que tu ressens aujourd'hui sera la force que tu ressentiras demain »

Une rupture amoureuse peut entrainer de nombreuses émotions négatives : Tristesse, colère, confusion, dépression. Mais il est possible d'en tirer du positif.

Une rupture peut t'aider à mieux comprendre qui tu es vraiment et quels sont tes désirs. Après la relation, tu pourras prendre du recul sur ce qui a fonctionné et sur ce qui a été un échec. Cette prise de conscience t'aidera à mieux comprendre ce dont tu auras besoin dans une future relation.

Rappelle-toi, ne minimise pas ta douleur, elle est légitime et tout à fait normale, mais, une rupture amoureuse est une source de force et de croissance personnelle.

"On arrête d'insister"

Lorsque nous cherchons l'attention, l'amour ou la reconnaissance, il est naturel de vouloir insister en pensant pouvoir changer les comportements de l'Autre en renforçant notre importance à ses yeux.

Mais attention, cette attitude peut souvent avoir l'effet inverse. Au lieu d'attirer l'attention souhaitée, ce comportement peut provoquer un éloignement de la part de l'Autre. En effet, une insistance excessive peut être perçue comme envahissante ou oppressante, créant ainsi un sentiment d'étouffement chez ton partenaire. "L'insistante" peut être perçue comme étant trop dépendante et cela risque de créer un déséquilibre dans la relation. Prends conscience que cette conduite peut parfois masquer une peur de l'abandon ou un manque de confiance en soi.

Rappelle-toi, il est important d'apprendre à reconnaître et à gérer tes émotions. C'est essentiel pour une relation saine et équilibrée. Pour cela, tu dois respecter les limites de l'Autre et accepter ses réponses, même si elles ne sont pas celles que tu attendais. Lâcher prise et se détacher du besoin constant d'attention ou d'amour te conduira vers une relation plus épanouie. En te concentrant sur ton propre bien-être, en développant tes passions tu deviendras moins dépendante de l'attention de ton partenaire.

"Aimer la rose, c'est aimer ses épines"

Antoine de Saint-Exupéry

L'amour est un sentiment puissant qui peut apporter de la joie et du bonheur, mais qui peut parfois également provoquer de la tristesse et un profond mal-être.

Dans une relation amoureuse, il y a souvent des conflits, des compromis et des moments de frustration. Les divergences d'opinions et les désaccords peuvent créer des tensions et mettre à l'épreuve notre patience et notre compréhension. Sans ces difficultés et ces défis, l'amour perdrait une part de son intensité.

Mais parfois aimer peut nous pousser à accepter l'inacceptable par peur de perdre notre partenaire.

Dans ce cas, il est essentiel que tu sois capable de fixer tes limites. Tu ne peux pas accepter l'inacceptable, ou des situations qui te font du mal, par amour et par peur de te retrouver seule. Tu ne peux pas t'épanouir dans une relation qui te demande quotidiennement des efforts et provoque un mal-être profond.

Rappelle-toi, que l'amour ne se résume pas à une perfection idéalisée. Il porte en lui-même des moments de bonheur, mais aussi de difficultés. Cela te permettra d'apprécier encore plus les instants de joie en les vivant intensément. Cependant, tu dois être capable de définir tes limites afin de ne pas subir cette relation par peur de perdre ton partenaire.

"Tant que le coeur conserve les souvenirs, l'esprit garde des illusions"

La mémoire permet à notre esprit de conserver des souvenirs, de nous rappeler et de faire des liens avec nos expériences passées.

Cependant, nos souvenirs peuvent être teintés d'illusions, car il sont liés à nos émotions. Qu'ils soient joyeux, tristes ou douloureux, ils peuvent influencer notre humeur, nos réactions et même nos décisions.

L'esprit donne du sens à nos expériences passées et les intègre dans notre perception du monde actuel. Cependant, il n'est pas toujours objectif dans le traitement de nos souvenirs. Il est influencé, des croyances et même par notre désir de préserver notre estime de soi. Par exemple, un souvenir agréable peut sembler encore plus merveilleux avec le temps, tandis qu'un souvenir douloureux peut sembler encore plus difficile. Nos souvenirs se transforment pour s'adapter à nos besoins émotionnels du moment présent.

Rappelle-toi, que la relation entre ton cœur, qui conserve tes souvenirs, et ton esprit, qui est influencé par tes illusions, est complexe. Alors, connecte-toi émotionnellement à ton passé en en tirant des leçons utiles pour le présent. Il est important d'avoir une approche équilibrée, en honorant tes souvenirs tout en restant consciente des illusions potentielles que cela peut te donner.

"Et puis un jour, j'ai arrêté de me reprocher quelque chose que je n'aurais jamais pu changer"

Dans la vie, il nous arrive parfois de ressasser le passé, ce qui nous fait éprouver des regrets, des remords ou des ressentiments.

Or, peut-on réellement changer le passé ?

Les regrets sont souvent liés aux erreurs que nous avons pu commettre, ou aux décisions que nous regrettons d'avoir prises. Ils peuvent nous obséder et nous faire imaginer à quoi ressemblerait notre vie si... Nous devenons ainsi prisonniers d'un état émotionnel négatif qui nous empêche de vivre le moment présent en nous enfermant dans le passé.

Pour te libérer et guérir, il est nécessaire d'accepter tes erreurs sans te juger. Cela implique de reconnaître que le passé ne peut être modifié et que tu dois assumer les conséquences de tes actions, ainsi que celles des autres. En les acceptant, tu pourras te libérer. Cela ne signifie pas approuver ou oublier, mais plutôt reconnaître la réalité et utiliser cette expérience pour devenir plus forte. En lâchant prise, tu pourras t'ouvrir à de nouvelles possibilités dans le présent et l'avenir.

Rappelle-toi, la réconciliation personnelle est la première étape de ta guérison. Elle te permettra de grandir et d'évoluer afin de te concentrer sur les choses que tu peux encore changer : ton avenir. Arrêter de t'en vouloir est un acte de courage et de libération !

"Je veux l'aider parce que je n'arrive pas à m'aider moi même "

La volonté d'aider ton ou ta partenaire peut être un simple comportement altruiste. C'est à dire totalement désintéressé et dans le seul but de soutenir l'autre. Mais, il peut y avoir des situations où tu cherches à aider parce que tu as des difficultés à t'aider toi-même.

Vouloir aider l'Autre peut être une source de motivation et de satisfaction personnelle. En effet, le désir de prendre soin de quelqu'un peut donner un sentiment de contrôle, en particulier lorsque l'on se sent impuissant face à ses propres problèmes. En aidant, on peut aussi se sentir valorisé et apprécié, ce qui procure une meilleure estime de soi. "Aider" est alors un moyen de se sentir mieux dans sa peau en améliorant sa propre image.

Dans une relation, il est important de savoir que les problèmes de chacun peuvent avoir un impact sur la relation. Si l'un des partenaires cherche à aider l'autre parce qu'il a du mal à se comprendre ou à faire face à ses propres blessures, cela peut entraîner des déséquilibres dans la relation. Et notamment, créer une dépendance émotionnelle, où l'un des partenaires a besoin de l'autre pour se sentir bien. Cela peut également créer des attentes irréalistes et donc de la déception et de la frustration.

Rappelle-toi, vouloir aider l'Autre peut être une motivation saine. Cependant, il est important de reconnaître que cette attitude peut être due à d'autres raisons liées à des problèmes personnels.

As-tu déjà eu le sentiment de "devoir" apporter de l'aide à l'Autre ? Si oui, pourquoi ?

. . . .

. . . .

. . . .

. . . .

. . . .

Que ressens -tu en apportant cette aide ? (Confiance en toi, sentiment d'être irremplaçable, d'être essentiel dans la vie de l'autre...)

. . . .

. . . .

. . . .

. . . .

. . . .

Penses-tu que l'aide que tu apportes à l'Autre est saine et utile, ou attends-tu quelque chose en retour, des bénéfices personnels ?

. . . .

. . . .

. . . .

. . . .

. . . .

As-tu déjà connu une ou un pervers(e) narcissique ?

Mets une croix si les affirmations suivantes correspondent à ta situation.

Pour rappel, un pervers narcissique est une personne ayant un trouble de la personnalité caractérisé par un besoin compulsif d'être admiré, une absence d'empathie pour les autres et une tendance à manipuler et à exploiter les personnes qui l'entourent pour son propre bénéfice.

☐ Il/Elle cherche constamment à te dominer et à te contrôler en utilisant la critique, la culpabilisation, ou la manipulation émotionnelle (Compliments...).

☐ Il/Elle est extrêmement jaloux(se) et possessif(ve), et s'attend à ce que tu lui soit totalement dévoué(e).

☐ Il/Elle a une vision idéalisée de lui/elle-même, et peut être très sensible à la critique.

☐ Il/Elle a peu d'empathie pour tes sentiments et tes besoins, et peut être cruel(le) ou sadique dans la relation.

☐ Il/Elle peut être très manipulateur(trice) et utiliser la flatterie, le chantage, la menace ou la violence pour obtenir ce qu'il/elle veut.

☐ Il/Elle est très menteur(se) et trompe l'autre à plusieurs niveaux, de façon délibérée et constante.

- [ ] Il/Elle est souvent incapable de reconnaître ses torts et de prendre la responsabilité de ses actes, préférant rejeter la faute sur toi.

- [ ] Il/Elle te fait sentir qu'elle est la seule personne à vouloir être en couple avec toi, et que si tu pars, tu ne trouveras plus personne, ou plus personne mieux que lui ou elle.

- [ ] Il/Elle a besoin d'être au centre de l'attention et de recevoir des éloges, de l'admiration et de l'attention.

- [ ] Il/Elle est arrogant(e), dominateur(trice) et a tendance à minimiser ou à mépriser tes opinions et tes sentiments.

- [ ] Il/Elle est impulsif et a des sautes d'humeur imprévisibles.

Ces caractéristiques ne sont pas toutes présentes chez tous les pervers narcissiques et la gravité des comportements peuvent varier. Mais dans tous les cas, les relations avec des pervers narcissiques sont très toxiques et destructrices pour l'autre personne. Il est vivement recommandé de chercher de l'aide pour mettre fin à ce genre de relations.

Voici quelques conseils, si tu es dans cette situation : Evite les conflits. En effet, il est préférable d'éviter les confrontations directes avec des pervers narcissiques. Cherche du soutien de personnes en qui tu as confiance et qui peuvent t'aider. Ne te laisse pas manipuler. Les pervers narcissiques sont des experts en manipulation, alors sois consciente des tactiques qu'il ou elle utilise.

Rappelle-toi, tu n'es pas responsable du comportement d'un pervers narcissique et tu mérites d'être traitée avec respect et dignité quelle que soit la situation.

J’écris ce que me dit mon cœur

. . . .

. . . .

. . . .

. . . .

. . . .

. . . .

. . . .

. . . .

. . . .

. . . .

. . . .

. . . .

. . . .

. . . .

. . . .

. . . .

. . . .

. . . .

. . . .

. . . .

Où en es-tu ?

Que retiens-tu de ce livre ?

....

....

....

....

....

....

En quoi ce livre t'a aidé ? De quoi as-tu pris conscience en le lisant ?

....

....

....

....

....

....

Qu'aimerais-tu changer dans ta relation actuelle, ou future (si tu n'es pas en couple) ?

....

....

....

....

....

Qu'est ce que tu ne ferais plus jamais pour l'Autre ?

. . . .

. . . .

. . . .

. . . .

. . . .

Mon dernier au revoir à "cette" personne :

. . . .

. . . .

. . . .

. . . .

. . . .

Penses-tu à présent être sur la voix de la guérison ?

. . . .

. . . .

. . . .

. . . .

. . . .

Que vas-tu faire, pour toi, tout de suite après avoir refermé ce livre?

. . . .

. . . .

. . . .

. . . .

. . . .

Aide-toi
Trouve-toi
Sauve-toi

Printed in France by Amazon
Brétigny-sur-Orge, FR

12515115R00067